GRRR...
?
...

GRRR

Merci à Vincent Etienne d'avoir participé
à la création de cet univers qui nous est précieux
et merci à toi Pauline d'avoir su donner
une seconde vie aux Mitaines.

Loïc et Anne

Loïc Clément & Anne Montel

Le Temps des Mitaines

1

La peau de l'ours

Dargaud

PARIS BARCELONE BRUXELLES HONG KONG LAUSANNE LONDRES MONTREAL NEW YORK SHANGHAI

Chapitre 1 : Arthur

Arrrthuuuur!
Allez mon poussin, on se lève!
Hmfff... J'suis pas un poussin...
Écoute, mon chéri...
Je sais que ce n'est pas facile pour toi, mais on en a déjà parlé...
Hmmm...
Depuis que ton père n'est plus là, tu sais bien que l'on ne peut plus se permettre un loyer en ville.
Hmf...
Alors oui, tu intègres une nouvelle école en cours d'année, j'en suis désolée...
... mais vois le bon côté des choses, tu vas te faire plein de nouveaux amis!
Tu comprends pas que tout le monde va se moquer de moi?
Et voilà que ça le reprend...
Mais arrête maman, j'suis sûr que tous ceux de mon âge ils ont déjà le leur!
Mange tes céréales...
Qu'est-ce que tu dis?
J'vais passer pour un gros nul, une p'tite saucisse...
Rien...

Aaaahh!
Arthur...
Mamaaaaaaaan, arrête de faire ça! Je déteste quand tu te téléportes sans prévenir!
Tu sais, mon chéri, quand j'avais ton âge, moi non plus je n'avais pas encore mon pouvoir.
C'est vrai?
Tu es encore jeune. La magie se révèle lors du passage à l'adolescence.
Oui mais pourquoi tous mes copains dans notre ancien chez-nous, ils avaient déjà le leur?
Tu sais, il n'y a pas de règles... C'est précoce chez les uns, c'est plus tardif chez les autres... C'est comme ça! Mais ça viendra bien assez tôt, crois-moi.
Pffffff, c'est nul.
Moi, je ne suis pas pressée de te voir grandir...
Pourquoi?
Parce que comme ça, tu restes mon petit poussin d'amour!
Maiiiiiiiis... M'appelle pas comme ça!
J't'ai dit, chuis PAS un poussin!
N'empêche, j'ai un mauvais pressentiment...
Mais enfin, que veux-tu qu'il t'arrive dans ta nouvelle école?

Les enfants, l'heure est grave...
J'ai bien peur d'avoir de mauvaises nouvelles à vous annoncer : votre camarade Badjer n'est pas rentré chez lui hier soir, il a disparu.
La police pense à une fugue...
Quoi ?
Comment ça ?
Disparu ?
C'est qui Badjer ?
Il a dit que c'était une fugue !
J'ai envie de faire pipi.
Allons, allons, un peu de calme je vous prie. Comprenez qu'il s'agit d'une situation très grave. Nous demandons à chacun d'entre vous, s'il dispose de la moindre information, de nous la communiquer...
...Bla bla bla, on a retrouvé sa casquette... Bla bla bla...
Tssss... Moi j'suis sûr qu'il a fait une mauvaise rencontre !
Ah bon ? Qu'est-ce qui te fait dire ça ?
Je le connais moi Badjer, c'est le gardien de l'équipe de foot ! Je sais qu'il a aucune raison de s'enfuir de chez lui...
C'est pas rassurant pour le trajet retour après l'école, ça...

C'est sûr que je serais plus rassuré de rentrer en chicken-bus...
Moi, je préfère rentrer à pied à la maison.
Euh... oui oui, moi aussi bien sûr!
C'est bien de faire de l'exercice. Le bus c'est pour les fainéants!
Pfff, mais écoutez-moi donc mini-Willo. Tu prends pas le bus parce que tes parents peuvent pas le payer, c'est tout... Pouilleux!
?
Ksssssssss...
Et la pauvreté te pose un problème, François?
Ce qui me pose un problème, c'est vous les losers!
Vous parasitez le paysage, vous respirez mon air...
Dis donc tête d'agace, au lieu de t'en prendre à plus petit que toi, si tu te mesurais à quelqu'un de ta taille?
Quelqu'un de ma taille?
Ça va pas être facile à trouver!
Tu veux peut-être m'aider, ramasse-miettes?
Hé, pssiiiiit, «Machin»!
J'suis à ta disposition moi si tu veux...

Je vous laisse regagner vos classes sur cet appel au calme, les enfants !

Tu es nouveau ici ?
Oui, je m'appelle Arthur.
Alors Arthur, laisse-moi faire les présentations : moi, c'est Willo !
Le grand baveux à lunettes, c'est Gonzague. Un vrai génie !
Enchanté !
WINK WINK
Notre chevalier intrépide se nomme Pélagie !
Mouais, d'habitude c'est pas ça qu'il dit !
Il dit toujours que d'abord je parle, ensuite je réfléchis. Mais c'est gentil, Will !
Et ces trois-là, ce sont...
François
Vladimir
et Jean-François
Méfie-toi d'eux, car on cherche encore s'ils sont plus bêtes que méchants... ou l'inverse !
Et votre copine ?
Ah ! Elle... C'est pas vraiment notre copine, c'est... Kitsu.
Allez, en classe tout le monde, on a pris suffisamment de retard !

vendredi 5
Les enfants, je vous présente Arthur, votre nouveau camarade qui nous vient de Woolen Glove !
Monsieur ?
C'est où Woolen Glove ?
C'est une grande ville, très loin à l'ouest, Mousse. Maintenant, je vais vous demander de...
Monsieur ?
Est-ce que c'est une ville courageuse ?
Bon, Pélagie, est-ce bien le moment pour les questions absurdes ?
Mais c'est pas absurde monsieur ! Pélagie veut juste savoir si les gens de cette ville osent faire des trucs !
Des « trucs » ?
Oui, comme porter des moustaches par exemple !
Ah non mais pas du tout, Will ! Je demandais ça parce que j'aime bien les céréales.
Ah OK, au temps pour moi !
Allez, va t'asseoir mon petit.
vendredi 5
Arthur, ici !

poireau
menu
Elle t'intéresse, Kitsu ?
Complètement... euh, j'veux dire : pas du poux !
« Poux » ?
Tout !

Surtout t'approche pas d'elle, c'est une solitaire tu sais, et elle fiche les chocottes à presque tout le monde !
Pourquoi ça ?
Parce qu'elle est super fortiche à la bagarre.
À la bagarre ? Mais c'est une fille !
Nonobstant cette interjection sexiste, Willo n'est pas dans le conjecturel mais bien le factuel, mon cher Arthur !
?
Ah oui, non mais t'inquiète pas, c'est normal si tu comprends rien quand il parle...
Ah ?
Attends, je suis son traducteur. Euh... Gonzague expliquer que toi croire que fille fragile alors que moi pas dire bêtises, moi avoir été témoin des combats de Kitsu.
Ah...
Tu vulgarises de mieux en mieux mes propos, tu sais ?
Oui, il faudra songer à réévaluer mon salaire d'ailleurs en passant.
Tu me laisses copier sur toi en maths ?

Maintenant Arthur, si tu veux en savoir plus sur Dame Goupil, c'est ta voisine de classe que tu devrais aller voir.
C'est vrai que Pélagie, c'est la seule que Kitsu tolère.
Elle est ce qui se rapproche le plus d'une amie pour elle.
Qui c'est qu'est une amie pour qui ça ?
C'est bizarre, elle a un truc autour de l'œil...
C'est une étoile, c'est son pouvoir !
Bin... Kitsu, on disait juste qu'à sa manière, elle t'aime bien !
Oui, on est super TBC !
TB-quoi ?
TBC : Trop Bonne Copine !
Ah, très bien !
Et sinon, je me disais que je le trouvais super beau Arthur !
Et alors ?
Bin tu crois que je lui dis ou c'est un genre de cas où faut que j'attende un peu ?
Attendre me semble le bon choix. En amour, avant de la partager, il convient d'attiser sa flamme.
OK, ça biche mon baveux !
Et cessons cette conversation, car sur cette entrefaite, Arthur pourrait t'entendre.

Tu veux dire qu'elle peut faire apparaître ce dessin comme elle veut ?
Oui, et je serais toi je me ferais discret là-dessus.
Pourquoi ça ?
Parce que soit tu lui dis que c'est joli et elle va vouloir t'en faire une, soit tu lui dis que c'est moche et là, elle se vexe et elle t'en fait une pour se venger !
Ah, OK...
Vous parlez de quoi les garçons ?
D'écorce d'arbre !
Et vous ?
De physique quantique !
Hé les copains ! On rentre ensemble après l'école ?

N
O
E
S
Je sais pas pour vous...
En tous cas...
mais moi, je vois pas pourquoi...
je devrais avoir...
peur.
??
CRAC
Qui est là ?!
CRAC
Bouh !

Je te préviens, je ne veux pas me battre, n'approche pas !
?
POC
WAHHH
PLOP
PLOP
Whaou, tu as redonné vie au bois de mon épée !
C'est fou, tu peux créer de la nourriture ?
Ouais... et ça tombe bien, parce que ça me file une dalle d'enfer de faire ça.
CROUNCH

Mais c'est génial comme pouvoir !
C'est pas grand-chose.
CROUNCH CROUNCH
Et toi, c'est quoi ton pouvoir ?
Euh... j'te dirai pas. Mais il est terrriiiiible !
Ah ouais ?
Je préfère le garder secret...
Bien sûr... En attendant, terrible ou pas, t'avais pas l'air super rassuré y'a deux minutes.
...
CRAC
Ce qu'on t'a raconté sur moi est si terrifiant ?
Non non, c'est pas ça...
Bin quoi alors ?
C'est juste que je me sentais... observé.

Ah ah ah! Encore plus peureux que Will! Et toi aussi tu brilles dans le noir quand t'as la frousse?
Tu peux te moquer mais je sais ce que je dis.
Bon, faut que je file moi. Besoin d'escorte?
Non ça va, je peux me débrouiller.
Comme tu voudras... À plus minus!
CRAC
Attends-moi!

Chapitre 2 : Gonzague

Consigner les faits pour une évaluation optimale...
Disposer les pièces du puzzle pour le reconstituer patiemment...
La logique est mère de raison et...
GONZAGUE ?!
Hmmmmm... Mère ?
Haaaaaa ?!
Plaît-il ?
Mais enfin, mère, quelle est donc cette coiffure impossible ?
Tu n'aimes pas ?
Je dirais que cette coupe est à la coiffure ce que le gravier est à la gastronomie...
Mon pauvre enfant, tu n'entends rien à la mode...
Et maintenant, cela est-il davantage à ta convenance ?
Extatique !

Vous vouliez m'entretenir d'un sujet ?
Oui, je m'inquiétais !
À quel propos ?
Tu es encore plongé dans tes devoirs alors que tu pourrais t'amuser dehors ou jouer dans ta chambre ?
Mère...
Je parie que tu es encore sur une équation à quatre inconnues...
Vous n'y êtes pas du tout !
Regardez !
KIKOUNOU le lézard
ENQUÊTE #14
Disparition d'un élève.
BADJER
FUGUE ou KIDNAPPING ?
arrivée d'un nouveau
ÉCOLE
LES MITAINES
NOTE : Le drame s'est produit entre 17 H et 19 H
Bon, c'est très bien que tu t'adonnes un peu à la lecture loisir...
Hmmm...
Clac !
Tiens, je n'attendais pas ton père si tôt...
C'est affreux ! On vient de nous signaler une deuxième disparition !

Et alors, comment il a su ça ton père ?
Mais pff, son père c'est le maire, tu sais bien !
Inquiets de ne pas voir François rentrer à l'heure, ses parents ont averti la police municipale.
Aaaaaah...
Le pire dans cette histoire, c'est qu'à lire la détresse sur le visage de mon père, j'ai l'impression que les autorités ignorent ce qui se trame. Ils sont tous complètement dépassés...
Vous savez, même s'il avait pas l'air sympa, je le connaissais pas François... Badjer encore moins, bien sûr... Mais ce qui leur est arrivé pourrait arriver à n'importe qui.
Qu'est-ce que tu essaies de nous dire ?
Que je sais pas vous, mais moi je veux découvrir qui s'en prend aux élèves !
Tu veux mener l'enquête ? Tu nous prends pour des super-héros ?!
Non mais...
Moi je trouve ta proposition courageuse Arthur, et fort inspirante.
Vraiment ?
Vraiment !

Je m'intéresse à ces disparitions que je perçois comme une équation à résoudre, bien que celle-ci aille au-delà de ma sagacité.
Tout ce que je dis gentlemen, c'est que l'union fera la force !
Haaaaa !
Arthur, tu peux compter sur ma logique et ma matière grise.
Moi de toute façon je suis avec vous, hein...
Et si faut se déguiser en tabouret en rotin pour enquêter dans l'ombre, j'suis votre homme !
T'es une fille, Pélagie !
C'est pas grave, je ferai la chaise !
Driiiiiiiing

N'empêche, je me pose quand même une question.
?
EVITEZ LE GASP
Pourquoi le directeur n'a pas fait de discours cette fois-ci ?
C'est vrai que sans toi Gonzague, on serait au courant de rien.
Je crois que la raison est simple, les amis. Dans le cas de Badjer, on nous appelle à la vigilance, ce qui relève du bon sens. Sauf qu'une deuxième disparition survient le soir-même...
Et ?
Et là je pense que mon père, le directeur et le commissaire se sont mis d'accord pour ne pas diffuser l'information dans l'immédiat, afin d'éviter la panique !
Mais alors ? On nous ment ? On nous cache la vérité ?
Bienvenue dans le monde des adultes, ma belle !

Dans la vie, vous apprendrez qu'on ne peut faire confiance à personne.
Tu... tu veux t'asseoir avec nous Kitsu ?
Non.
Hey, attends-moi copine !
?
Elle n'est certes pas d'un caractère facile Kitsu, mais quelle alliée de poids elle ferait si l'on nous cherche querelle au cours de notre enquête !
Oui mais là ce qui m'inquiète le plus, c'est que ça va sonner et qu'on a...
Dictée !
Oh noooooon, mais j'suis nul en orthographe moi...
Pas grave ! T'auras qu'à copier sur ta voisine !
Hu hu hu
Qu'est-ce qu'il y a de drôle ?

... et appréhender le voleur fut un jeu d'enfant... Ap-pré-hen-der le vo-leur...
Psssst, Pélagie!
« Voleur », tu mets un « l » ou deux ?
2!
Bé oui, t'as jamais vu d'oiseau ?
...
Si, mais c'est quoi exactement le rapport ?
Bin, ils ont deux ailes pour voler, pardi!
Non mais... un oiseau ça vole pas spécialement...
« Un oiseau ça vole pas », roh le nul...
Enfin si, les pies, à la rigueur...
Non mais ça a rien à voir, de toute façon!
J'ai quand même un doute sur un truc.
?
Les dodos, ça a deux ailes et pourtant ça vole pas...
PFFF
Dites donc, Arthur et Pélagie...
... vous voulez un p'tit coup de main ?
Sinon on remplace « voleur » par « bandit »!
CHUT!

Driiiiiiiiing
Vous déposez votre copie en sortant, sans un bruit. Et surtout, soyez très prudents en rentrant à la maison les enfants !
Ça s'est pas trop mal passé je trouve !
Arthur et Gonzague, j'aimerais vous garder quelques minutes.
?
Je voulais vous voir parce que je n'ai pu m'empêcher de remarquer que vous avez sympathisé tous les deux. C'est bien.
Ce n'est pas facile d'être nouveau, je m'en doute. Tu sais, moi-même, je ne suis là que depuis peu de temps.
Ah bon ?
C'est vrai que c'est votre première année aux Mitaines, monsieur.
Oui, Gonzague. C'est pour cela que je sais qu'il est important d'être entouré pour bien s'adapter.
Je compte donc sur toi pour épauler Arthur. Tu es un élève brillant, je suis sûr que tu exerceras une très bonne influence sur ton camarade.
Et à l'avenir, n'oublie pas que ma porte est ouverte Arthur...
Bon, on s'est bien compris tous les trois ?
Oui monsieur !
Rentrez chez vous maintenant, il se fait tard...

Il a vraiment l'air sympa, M. Robbie !
Oui, c'est le roi des rennes ! Hu hu hu !
BUS
GARDEN
Tiens ?
De quoi vous discutiez avec ces deux-là ?
On leur a demandé ce qui s'était passé hier soir après l'école.
Et ils ont coopéré alors qu'ils nous abhorrent ?
C'est l'effet TBC, ça !
Toujours est-il qu'hier, François n'a pas voulu rentrer en chicken-bus et a insisté pour rentrer seul à patte chez lui.
Bizarre autant qu'étrange. Le matin il nous traite de pouilleux parce qu'on rentre à pied...
... et en fin de journée, il laisse ses copains pour en faire autant !
Il y a quelque chose de trouble au royaume des Mitaines...

Chapitre 3 : Willo

BANQUE
COQUI-PHO
BIBLIO
MAIR
Ils sont en r'tard...
en r'tard
en r'tard
calmez-VOUS !
?
CHEZ LOÏC
BIBLIO
THÈQUE
MAIRIE

Je ne dis pas que nous allons fermer l'école...
... je dis juste que c'est une option à envisager!
TIP TIP TIP TIP
Monsieur Granny et la police!
C'est l'occasion d'en savoir plus mais... si je reste ici, je vais me faire repérer...
Vous connaissez mon opinion sur la question, Sigismond!
TIP? TIP TIP
La sécurité des enfants avant tout, mais tant que l'enquête ne donne rien, je ne laisserai pas fermer mon établissement!
TIP TIP TIP TIP
Deux gamins ont disparu, alors vous proposez quoi? Qu'on poste un agent derrière chaque arbre à la sortie de votre école?
Je n'ai pas l'effectif suffisant, Granny!
OLIBRIUS INCAPABLE!
DING!

Vous n'êtes même pas en mesure de confirmer s'il s'agit de fugues ou...
TIP TIP TIP
Raaah, ce soleil... Mais tirez les rideaux !
TIP TIP TIP
Aïe ! Je suis repéré !
Mais chuuuuuuuut, criez pas !
?
Tu ne m'as jamais semblé aussi brillant, mon ami.
Il faut qu'on décampe tout de suite, je vous expliquerai...

au Poupou doux
Tu veux bien arrêter d'être ronchonchon et faire tes devoirs mon poussin ?
J't'ai déjà dit, j'suis pas...
Je ne t'entends pas !
Hmpfff
À qui dis-tu bonjour, Arthur ?
Personne...

SALON DE THÉ
Hey, Arthur! Ça sent drôlement bon ce que tu bois!
Willo!
Je te croyais consigné à faire tes devoirs?
Oui oui, mais je les fais ici. C'est le salon de poupou où ma mère a été embauchée comme nouvelle pâtissière.
Si elle a besoin de goûteurs, tu penseras à moi, hein?
Hu hu, je lui dirai!
Et toi, tu fais quoi?
Là, j'attends les copains parce que Pélagie a troué sa chaussure pendant notre fuite...
Votre « fuite »?
Et voilà, une bonne dose de bave imperméabilisante!
Hey! Mon oursonnet au miel!
Smoutch

Alors Willo, à quoi devons-nous cette cavalcade endiablée ?
Bin, accrochez-vous !
Euh… tu peux descendre maintenant, Pélagie ?
Pas question ! Willo a dit de nous accrocher !
Ah OK…
Je vous attendais devant la mairie comme on avait dit, lorsque soudain… j'ai entendu des éclats de voix au premier étage…
Hmmm oui, j'ai surpris subrepticement une conversation entre mes parents hier soir où il était question d'une réunion importante ce matin. J'en ignore cependant la teneur.
Et alors ?
Et alors vous pouvez me croire, y'avait effectivement du beau monde autour de la table !
Qui ça ?
Tout le gratin de la ville !
Roooh, c'est trop bon le gratin !

J'imagine qu'il était question des disparitions ?
Et de peut-être fermer l'école a dit ton père, mais ça n'a pas du tout plu à M. Granny !
Hmmm... Je vois, je vois...
T'as de la chance, moi j'vois plus rien...
Pélagie a raison. Je ne saisis pas bien ce qu'il faut retenir de tout ça moi...
Bin que j'ai eu vachement peur et qu'ils ont failli me surprendre à les espionner.
Ou que M. Granny a un comportement troublant...
Oui, il criait sur tout le monde, même sur le chef de la police... Déjà que d'habitude je le trouve effrayant...
SALON DE THÉ
Menu du jour
Eh bien, entrez les enfants ! J'ai du poupou qui infuse et des gâteaux sortis du four !

Whaaaaaaaaa!
Je voyais bien qu'Arthur n'avait pas la tête à se concentrer sur son travail.
Une récréation est la bienvenue et cela me permet de vous rencontrer enfin!
Ché vous qui avez tout fait, m'dame?
scrounch scrounch
Oui jeune fille, je fais des essais pour renouveler la carte!
Vous êtes un vrai cordon bleu, m'dame!
crounch crounch
Madame Anternoz, je me délecte de cette tarte au Guiridou!
Vous êtes gentils les enfants! Alors comme ça, c'est vous les nouveaux camarades d'Arthur? Il est sérieux en classe?
Manman, s'il te plaît!

C'est mon voisin de table madame. On s'entend comme marrons en poire!
J'ai cru noter une certaine proximité tout à l'heure, en effet!
Manman, tu peux nous laisser maintenant?
Juste une dernière chose, les enfants...
Comme vos propres parents, j'imagine, je suis très inquiète avec ces histoires de disparitions. Mes horaires ici ne me permettent pas d'accompagner Arthur.
Est-ce que je peux compter sur vous pour rester bien ensemble sur le trajet de l'école?
Oui madame!
Et en plus, y'a ma copine Kitsu qui veille sur moi et elle laisserait rien nous arriver!
Et où est-elle donc, votre amie?
Dring!
Ah! Un client les enfants... Je vous laisse vous régaler!
Bienvenue monsieur!

Chapitre 4 : Pélagie

Ça va ton talon, Achille ?
Alors, tu crois qu'elle a raison ma sœur pour les bébés ?
Non.
Quelle chipie celle-là... Remarque, elle est jalouse et puis c'est tout !
De ?
Bin que j'aie un copain !
Ah parce que t'as un copain, toi ?
Roh, mais tu suis rien. Je viens de te le dire : c'est Arthur !
C'est ici !
Et il est au courant, ton « copain » ?
Au courant de quoi ?
Bin que c'est ton copain !
PUF PUF
J'pense que c'est un détail ça, non ?
Je vois...
Atchoum
Je t'ai dit que tu allais choper la crève ! T'es pas assez couverte...
Aaaaa...
Vos parents ont reçu la lettre de l'école sur les recommandations de sécurité ?
Oui, mon père l'a rédigée avec le directeur.
« Rentrer en bus ou à plusieurs, ne pas parler à des inconnus... »
Quand on parle du loup...
KRK
Allez, c'est parti pour le dernier tour !

Mousse, on n'attend plus que toi!
PUF PUF PUF
Arrête de lambiner maintenant, dépêche-toi!
Monsieur, il va pas bien, c'est trop dur pour lui.
Quand je voudrai ton avis, Pélagie, je te le ferai savoir.
paf
Mais c'est pas vrai!
Monsieur, il s'est fait mal!
Allez me le chercher...

Ça va, Mousse ?
J'en peux plus...
SNIRFL
Non mais il est fêlé du cujot ce prof, il a bien vu que t'étais mortibus !
J' vais lui dire ce que je pense, moi !
Dis rien, Pélagie, j'veux pas que t'aies d'ennuis par ma faute... Ça va aller.
Quatre tours ! QUATRE tours de piste !
Et tu n'es même pas fichu de les faire !
Une chiffe molle ! On ne peut rien faire avec une chiffe molle !
IMPFF
Allez, fichez-moi le camp, le cours est fini !
C'est pas le moment de se tourner les orteils, Mousse ! On t'emmène à l'infirmerie.
C'est bon les gars, je m'occupe de lui.
SNIRFL
GRMBL
Ça va, Pélagie ?
Tu sembles fiévreuse...
Non, non mais...
Aaaa...
Tchoum !
J'vous dis : ça va tip-top l'antilope !

Tu es sûre que tu veux pas aller à l'infirmerie, toi aussi ?
C'est marron les grillons !
Parce que si je le dis à M. Robbie, il comprendra...
Prends-moi six cassis dans la main...
C'est moi ou tu parles encore plus bizarre que d'habitude ?
Toi, t'es plus beau qu'une saucisse !
OK...
Et pourtant, c'est beau une saucisse.
Monsieur ? Je crois que Pélagie a de la fièvre, elle est brûlante et elle divague.
« Vague » ?
Non mais missieur, j'va très bien par la cournouille.
?
Elle est brûlante !
Il faut la ramener chez elle !

Tu pleures parce que t'as pas réussi à courir ?
Oui...
C'est pas si grave, tu sais, il crie, il crie mais...
Tu les as entendus toi aussi, ses hurlements de bête ?
De bête ?
Arrête !
Haouuuuu Haooouuu !
Arrête, il va nous repérer !
Haoouuuuuuuuuu
?
Il vient pour moi, il vient pour moi...
Il vient pour moi, il vient pour moi...
Attends, Mousse, me laisse pas !
Il vient pour toi !
Tout ça est trop bizarre...
Faut que je me réveille.

Elle crie plus.
Chut, elle ouvre les yeux !
J'ai dormi longtemps ?
...
J' vais chercher maman !
Pélagiiiie !
Allez ouste, vous m'esbouyez !
Je peux à peine respirer !
T'as dormi au moins miiiiiille ans !
T'as été super malade et...
... on a cru que t'allais jamais te réveiller !
Je vous avais dit de ne pas vous inquiéter les filles, c'était une mauvaise fièvre.
Ma chérie, tu te réveilles au bon moment. Devine qui est venu aux nouvelles ?
Salut !
Ooooh, j'suis trop jouasse de vous voir les copains !
Ça va faire touche-touche...

Room service !
KOF KOF
Tu as dormi deux jours ! Tu te rends compte ?
J'ai loupé des choses ? J'veux tout savoir !
Mousse ?!
Il s'en est passé oui, et pas des plus réjouissantes : Mousse a...
Ooooooooh mais faut que je vous raconte : j'ai fait un rêve trop bizarre !
?
Y'avait un petit loup et y'avait Mousse qui chouinait parce que je faisais une blague et ça le faisait fuir.
Et après y'avait plus le petit loup mais la nuit m'attaquait et à la fin ça m'entourait les petons !
Mais plus de Mousse !
...
Faites pas cette tête, c'était qu'un rêve...
Pélagie, Mousse a vraiment disparu...
QUOI ?

Oui, c'est un peu la panique maintenant... Tu verrais nos parents...
Et encore, les nôtres ne nous ont pas consignés. Certains ont décidé que leurs enfants n'iraient plus à l'école jusqu'à nouvel ordre.
Mais j'ai des grumeaux dans la caboche, là! Il s'est passé quoi exactement?
Tu as perdu connaissance il y a deux jours, alors on t'a ramenée chez toi.
Oui ça d'accord, mais Mousse?
Tout ce qu'on sait, c'est qu'il s'est endormi en classe et...
Tu m'étonnes, j'ai peut-être pas les idées claires mais j'ai pas oublié comment le prof s'est acharné sur lui en sport...
Certes, mais la résultante est qu'il a manqué son bus.
Et plus personne ne l'a revu ensuite. Pfuiiiiit!
PAF!!
« Il vient pour moi... »
Plaît-il?
Non rien, je suis fatiguée...
On va te laisser Péla, nous devons rentrer, mais tu as meilleure mine en tous cas.
Tiens au fait, de la part de Kitsu ; elle les a ramassées elle-même en forêt!
Elle a dit que c'est à plonger dans ton potage et que ça te remettra sur pied.
Kitsu...

PFFF
Arthur, j'espère que vous restez bien groupés sur la route...
Mais oui, j'te dis... T'inquiète pas !
En cas de mauvaise rencontre, il n'y a rien de honteux à fuir, tu sais !
Je sais papa...
Bien, mangeons tant que c'est encore chaud, ton père est bloqué en réunion de crise...
aAOOOOUhh

Chapitre 5 : Kitsu

"Des élèves disparaissent en fumée
On n'arrive plus à distinguer
Où est l'espoir
Et comment finira l'histoire
Si peu d'indices, si peu d'idées
On est à cinq pour discerner
Le faux du vrai
Les pièces du puzzle à assembler
Recommencer là où tout le monde a échoué

On suivra Arthur, enfant adolescent
La vivace Pélagie qui parle tout le temps
Sans réfléchir avant
Elle dit que c'est son copain, il n'est pas au courant
Leur ami Gonzague enquête patiemment
Un prof qui crie, une rumeur qui s'étend...
Willo qui brille chaque fois que la peur le prend :
Un feu d'artifice permanent
Et moi qui chante, seule...
Comme, comme, comme avant"

Je vous prie de bien vouloir excuser ma fille Kitsu de ne pas s'être rendue en classe ce matin.
Elle s'est réveillée avec de fortes douleurs à l'estomac.
Avec mes regrets, veuillez croire, Monsieur le proviseur, à ma considération distinguée.
Rupert Dahl
REGRETTE QUE
ILLE NE SOIT PAS
VESTIE DANS SON
RÉAGIR, MERCI.
Allez hop, en cours ! J'ai assez séché pour aujourd'hui...
CRAK
Il y en a d'autres...

Étrange... Les traces se rapprochent de l'école, près des maisons des profs et de celle de Granny.
Crac
Hey, Jean-François, il reste de la peinture dans ta bombe ?
Tsssss, les nôtres sont vides !
Je la garde pour taguer notre emblème sur la maison du dirlo !
Allez, on se tire !
Pfffff ! Crétins !
Fin de la piste...

Moi j'suis sûre que c'est not' prof de sport, M'sieur Tony qu'enlève les gens !
Bien, mais dans cette éventualité, quel serait son mobile ?
Ché pas, c'est un « spycopathe » !
Allons, concentrons-nous sur les faits...
C'est pas bon de t'énerver, tu es encore convalescente !
En tous cas, je sais pas si vos parents sont aussi flippés, mais moi au prochain drame, ma mère m'enferme à la maison !
Alors prépare-toi à faire du cocooning, petit !
CROUNCH
Hey Kitsu ! T'étais où ce matin ?
Je pouvais pas venir.
Mais on s'en fiche, j'vous dis que j'ai du nouveau et ça rigole pas !

Et peux-tu nous faire partager tes découvertes ?
J'ai retrouvé des traces de « prédateur » tout autour de l'école.
Du coup, j'ai une bonne et une mauvaise nouvelle...
CROUNCH CROUNCH
C'est quoi la bonne ?
Je ne crois pas que les élèves de l'école se soient fait enlever.
SCROUNCH
Super ! Et la mauvaise ?
Je pense qu'ils se sont fait DÉVORER !
« DÉVORER » ?

Mais... c'est quoi que t'appelles prédateur ?
Genre un gros poney ?
Ou un marsouin sauvage ?!
...
ARGL
Non non Péla, si tu veux mon avis, vu la taille des traces...
... du genre qui a une grande bouche pleine de crocs !
CROUNCH
soupir
Hmmmmm... J'entends le fait que tu aies pisté des empreintes Kitsu, mais néanmoins, il y a hiatus...
Un décalage !
Merci brillant compagnon ! Un « décalage » donc, avec la réalité.
Lequel ?
C'est l'un des premiers éléments de l'enquête que j'ai consignés : en dépit des battues menées par la police, il n'a été trouvé nulle trace de sang !
...

Tu marques un point, le baveux !
N'empêche que ces empreintes sont pas normales...
Dites donc, Mlle Dahl, vous croyez que la cour est une poubelle ?
Depuis quand il est là, M. Robbie ?
Je l'ignore.
Pardon, monsieur, ça ne se reproduira plus, monsieur...
Au lieu de faire la maligne Kitsu, file dans le bureau du directeur pour ton absence de ce matin !
J'y cours, j'y vole, monsieur !
Mais alors lui, c'est trop un ninja !
On l'entend jamais arriver !
C'est pas faux...
M. Robbie aurait voulu écouter aux portes qu'il ne s'y serait pas pris autrement.
...
Tu cherches quoi ?
La porte...

Hmmmmmmm...
Vous êtes une jeune fille surprenante, Mlle Dahl.
Irrévérencieuse face à l'autorité en particulier, effrontée avec votre prochain en général...
Bagarreuse, solitaire... J'ai cependant pu surprendre quelques tentatives de sociabilité ces derniers temps !
...
Une qualité que j'ajoute aux quelques autres que vous vous obstinez à cacher, jeune fille.
Cependant, selon mon opinion, il vous en manque une essentielle...
Vous progressez, mais il y a encore du chemin pour reproduire l'écriture de votre père !
...
Alors ? Vous n'avez rien à me dire, mademoiselle ?
Si...
Pourquoi vous ne fermez pas l'école ?!
Mais comment osez-vous ?!

T'es sûr qu'on va la trouver ?
Fais-moi confiance, c'est un des endroits où elle aime bien traîner...
Bin, va la voir !
Tiens, regarde !
Bé j'ose pas, moi ! Et toi ?
Roh... Mais je t'attends là, allez file !
Euh... Salut ! On t'a cherchée, on s'inquiétait...
Comme on t'a pas revue après que tu sois allée chez le directeur...
...
Et euh... comme toute l'école l'a entendu hurler après toi, je me faisais du souci. Euh, « on » se faisait du souci !
...
Tu m'entends ? Kitsu ?
Allonge-toi !
Euh... d'accord.

C'est beau, non ?
Oui...
Tu veux vraiment pas en parler ?
Je vais te dire...
Oui ?
J'ai demandé à Granny pourquoi il s'obstinait à ne pas fermer l'école en dépit de toutes ces disparitions.
Whoa...
Je l'ai un peu provoqué et à ce moment-là... son regard a changé.
Et moi qui n'ai jamais la pétoche...
... pendant un instant... il m'a terrifiée...

Chapitre 6 :
écrit & chuchotements

Est-ce que le rangement de ta chambre avance bien mon poussin ?
TOYS
Hmmmmm... Je ne suis pas ton...
Qu'est-ce que tu dis ?
Que je suis à fond, là, m'man !
...
C'est bien ce que je me disais...
?
Je ne te comprends pas, Arthur. En arrivant ici, tu n'avais qu'une envie, c'était que je retrouve en priorité tes cartons de jouets !
TOYS
Explique-moi : qu'est-ce qui ne va pas ?
Tout va bien maman, c'est juste... que les choses ne sont plus comme avant...
Quelque chose a changé ?
Oui...
TOYS
« Moi », je crois...

Tu crois que c'est quoi, son pouvoir, à Arthur ?
Depuis le temps que nous côtoyons notre sémillant compagnon, je dirais qu'il s'agit pour l'heure d'une abstraction de pouvoir.
Ça veut dire quoi « abstrassion » ?
Ça veut dire que ça n'existe pas !
Un peu comme les pantoufles en chewing-gum ?
Hmm... certes...
Mouais... sauf que j'suis sûr que dans le monde, il y a forcément quelqu'un qui a le pouvoir de créer des pantoufles en chewing-gum...
Ah ! D'accord...
Alors si j'ai bien suivi, « abstrassion » ça veut dire qu'on peut créer des chaussons qui collent quand on marche ?
C'est quand même un drôle de pouvoir qu'il a, Arthur...
...
Vous venez ? Le cours commence !

Les enfants !
Chacun d'entre vous dispose d'une quantité suffisante d'argile et de matériaux pour reproduire ce modèle.
Vous pouvez échanger en groupe, mais sans bruit. Vous avez une heure !
Compagnons ! J'aimerais, si vous le permettez, faire le point sur notre enquête...
On est tout ouïe.
Oui non, mais chui toutwi moi aussi, mais le kidnapouille c'est sûr, c'est Tony !
Bé oui, Mousse, comme par hasard il se fait
après il disparaît...
Allons, allons, Pélagie...
Ne t'emballe pas Péla...
Certes, n'allons pas trop vite en besogne.
Tu sais pas tout...
Pas de conclusion hâtive en effet !
On a du nouveau.
Nous disposons de nouveaux éléments !
C'est M. Granny le méchant...
Absolument, c'est M. Granny le...
Plaît-il ?
J'ai dit « en silence » !

C'est quoi cette histoire ?
Bin... demande à Arthur !
Non mais je raconte mal moi, demande à Kitsu !
Hmmm ?
Alors ?
Vous me fatiguez...
Monsieur ? Je peux aller aux toilettes s'il vous plaît ?
C'est urgent !
Finis d'abord l'exercice, Kitsu.
Bien monsieur !
Voilà monsieur !
Intéressant... Tu peux y aller.

Mais j'ai dit une bêtise ? J'ai du mal à comprendre...
grat grat
... les filles !
C'est vous qu'êtes d'un compliqué les garçons... Dites simplement ce qui s'est passé !
Bon...
Pour résumer, Kitsu a dit hier à M. Granny qu'elle trouvait ça louche qu'il s'entête à garder l'école ouverte alors que plusieurs élèves ont disparu.
Je reconnais bien là l'aplomb de notre camarade goupil !
Et donc, ça a provoqué une colère démesurée chez lui...
... et Kitsu m'a dit que son regard l'avait terrorisée...
Non mais on s'en fiche de ça, c'est Tony le kidnapouille, j'vous dis !
Les amis, nous nous dispersons, là... Recentrons-nous !

Un crime requiert avant toute chose un mobile !
Les trucs qu'on suspend au-dessus des berceaux ?
J'adore ça !
Non, Péla ! Un mobile, c'est un motif... Une raison d'agir...
Ah...
À ce stade de nos recherches, nous pouvons convenir que quel que soit le destin de nos camarades, ces cas similaires de disparitions relèvent des agissements d'un même coupable.
Ou GROUPE de coupables...
Absolument ! À mon sens, pour trouver un suspect, il est important d'imaginer ce qui peut pousser quelqu'un à s'en prendre à des enfants.
Peut-être que c'est un prof frustré qui déteste son métier et décide de se venger en zigouillant tous les élèves un par un...
Euh... Ne me regardez pas avec ces yeux... Je dis ça comme ça, hein... Je plaisante !

Ton hypothèse, même sous couvert d'humour, mériterait d'être prise en compte autant qu'une autre, s'il n'y avait cet indice qui me perturbe tant...
Les traces de bête que Kitsu a pistées autour de l'école ?
...
Quoi ? J'ai encore dit une broucaille ?
frot frot
Non, non... Justement non Pélagie. C'est... exactement ça !
Pélagie qui suit normalement une conversation, ça fait un choc !
Il va carrément neiger !
Vu la taille des empreintes, ces traces appartiennent à un prédateur redoutable et on ne peut écarter l'hypothèse qu'il y ait un lien avec les disparitions...
Bref, on patauge...
Jusqu'au cou !

N'empêche que je continue à trouver bizarre que M. Granny ne veuille pas fermer l'école...
Moi ça me plairait bien de plus avoir à venir. Ça m'éviterait d'avoir des mauvaises notes !
En plus je pourrais rester en pyjama à la maison, tranquille...
Je n'ai aucune envie de rester bloquée chez moi, mais j'vous l'dis, il est pas net Granny...
Ouais, et m'sieur Tony non plus !
Oh oh, cette fois c'est la punition...
gloups...
Ben quoi ?
C'est bien les enfants, discutez plus doucement mais c'est du très beau travail !
Driiing
grat grat

Allez, on se presse les enfants !
Bon, on rentre ensemble ?
Allez-y, on vous rejoint dehors, je dois demander un truc à Péla.
?
Il paraît que le pouvoir de Jean-François c'est d'aspirer le pus !
Eurk !
Viens avec moi !

Tu sais Pélagie, il fallait que je te parle parce que j'ai besoin d'être honnête et comme je pense beaucoup à quelqu'un...
Ouiiiii ?
Ben voilà. Moi je suis un peu tourneboulé dans mon coin et je me demande : « Est-ce que je lui plais ? Est-ce qu'elle ne me trouve pas stupide ? »
Ouiiiiiiiii ?
Et du coup, je me suis dit qu'il était temps d'être courageux et que je me dévoile un peu, tu comprends ?
Ouiiiiiiiii ?
Et comme tu connais très bien cette personne...
Logiquement, il n'y a qu'à toi que je peux parler de mes sentiments pour que tu me dises si j'ai mes chances, et donc voilà, je me lance !
C'est ouiiiiii ! Bien sûr, mon choubidou !
?!

Mais Péla...
Mais, mais...
Quelqu'un arrive !
Je vous défends de me parler ainsi !
Vite, faut pas qu'on nous voie.
Mais on va jamais rentrer à deux !
Chut, pas le temps !
Et ne prenez pas ce ton avec moi !
CLAC !

C'est une dispute !
Tu reconnais les voix ?
Celle en colère, on dirait...
M. Granny...
C'est ça.
Et l'autre ?
Euh...
Bon sinon, on en était où tous les deux ?
?
Je vous préviens Granny, vous risquez gros, soyez raisonnable !
Est-ce une menace ?
J'appellerais plutôt cela un conseil bienveillant, cher collègue... Vous voilà averti !
C'est fini, je crois bien.
« Fini » ? Mais j'ai rien senti !
La voie est libre...

Oui, du coup on a été obligés de se cacher dans le casier.
Et alors ?
Bin vu qu'on est des amoureux, j'ai compris qu'il voulait faire touche-touche...
...
Fort bien, et ensuite ?
M. Granny criait. Apparemment, il se sentait menacé...
Et l'autre alors, c'était qui ?
Arthur ! Avec moi ! Tu te rends compte ?

C'était comme dans un rêve !
Quel cauchemar... La donne se complexifie dans notre affaire...
Oui parce qu'au final, je me demande si M. Granny est une victime ou bien...
Un bourreau des cœurs...
Un peu comme M. Tony ?
Difficile à dire, le son était étouffé...
Je pouvais même entendre battre nos deux cœurs...
Je me sens heureuse comme le loup qui pète sur la pierre de bois !
Bon, nous ferons le point demain.

Pssst Pélagie, trop classe ta boucle d'oreille !
?
hu hu hu !
Hé merci, c'est gentil !
Toc Toc
Prrrt...
Les enfants, je ne suis pas d'humeur aux bavardages ! Silence !
Toi aussi, tu aimes mon nouveau bijou, Arthur ?
Euh...
Remarque, j'suis super triste parce que j'ai perdu mon étoile que j'aimais vachement.
Hmm...
C'est ma mamie qui m'en avait fait cadeau, elle avait gardé la deuxième...
Et j'peux même pas lui demander la sienne parce qu'elle est morte en s'étouffant avec des poils d'artichaut...
?
Pélagie Je t'avais prévenue : une heure de colle pour toi !
PAF

Mais monsieur, c'est injuste !
Il suffit Pélagie, ou je t'ajoute une heure !
Mais monsieur c'est...
C'est horrible !
Oui, voilà, comme dit Hugh, c'est horrible...
Là, dehors !

Restez calmes, les enfants ! Personne ne sort !
Cause toujours...
M'sieur, ça va m'sieur ?
Il veut... il...
Mon dieu, Granny !
Appelez les secours, appelez l'infirmière monsieur !
Ne bougez surtout pas ! Je... je reviens !
Écoute-moi, mon garçon...

M'sieur, économisez vot' souffle, Mlle Martine arrive!
Bleurg
Il veut... l'école...
Trésor...
?
Écartez-vous les enfants!
M. Tony, M. Pierre, reconduisez-les en cours.
Surtout pas un mot, Arthur!
Vous avez entendu, les enfants... Retournez en classe...

Mais retournez à vos places! M. Robbie m'a dit de vous surveiller et vous devez m'écouter!
Je ne sais pas ce que c'est... Pour que M. Granny me le transmette... dans son état...
Ça doit être précieux.
Mets-le dans ma sacoche, je l'étudierai ce soir.
M. le maire va faire un discours. Tout le monde dans la cour!
Les gars, on s'est bien plantés sur ce coup-là... Pauvre M. Granny...

Écoutez tous, je viens de prendre une décision qui n'a que trop tardé.
Si je l'avais prise avant, votre proviseur ne serait sans doute pas aujourd'hui à l'hôpital dans un état préoccupant...
Une ombre funeste plane sur chacun d'entre nous. En conséquence, j'ai décidé de...
... fermer cet établissement jusqu'à nouvel ordre !
Il fallait s'y attendre.
Finalement, le destin s'est avéré tragique pour celui qui souhaitait tant que l'école reste ouverte...
Au moins j'en connais une qui doit être contente à l'idée de rester chez elle en pyjama... Hein, Pélagie ?
Pélagie ?
Pélagie ?
Pélagiiiie !
Pélagiiiiie !
Pélagiiie !
Pélagiiiie !

Driiiiiiiiiing
C'est pour moi, maman !
Arthur, c'est pas facile à dire mais...
... la police ne l'a pas retrouvée !

Chapitre 7 : En voir de toutes les couleurs...

Depuis que Pélagie a disparu, je n'ai pas réussi à joindre Kitsu, non...
Pauvre petite...
Je t'avoue que je sais plus trop quoi faire...
grat grat
On n'a plus qu'à s'en remettre à Gonzague...
Hmmmm....
À quoi rime cet antique grimoire ?
POUF
Qu'a voulu nous dire M. Granny ?
Contes et légendes des neuf continents...
La Sirène aux écailles de saphirs
Le Golem des Monts dorés
flap
flap
Le Vase des désirs
Les 7 arcs-en-ciel
Le Petit...
flap
flap
flap
Un instant : « arc-en-ciel » ?

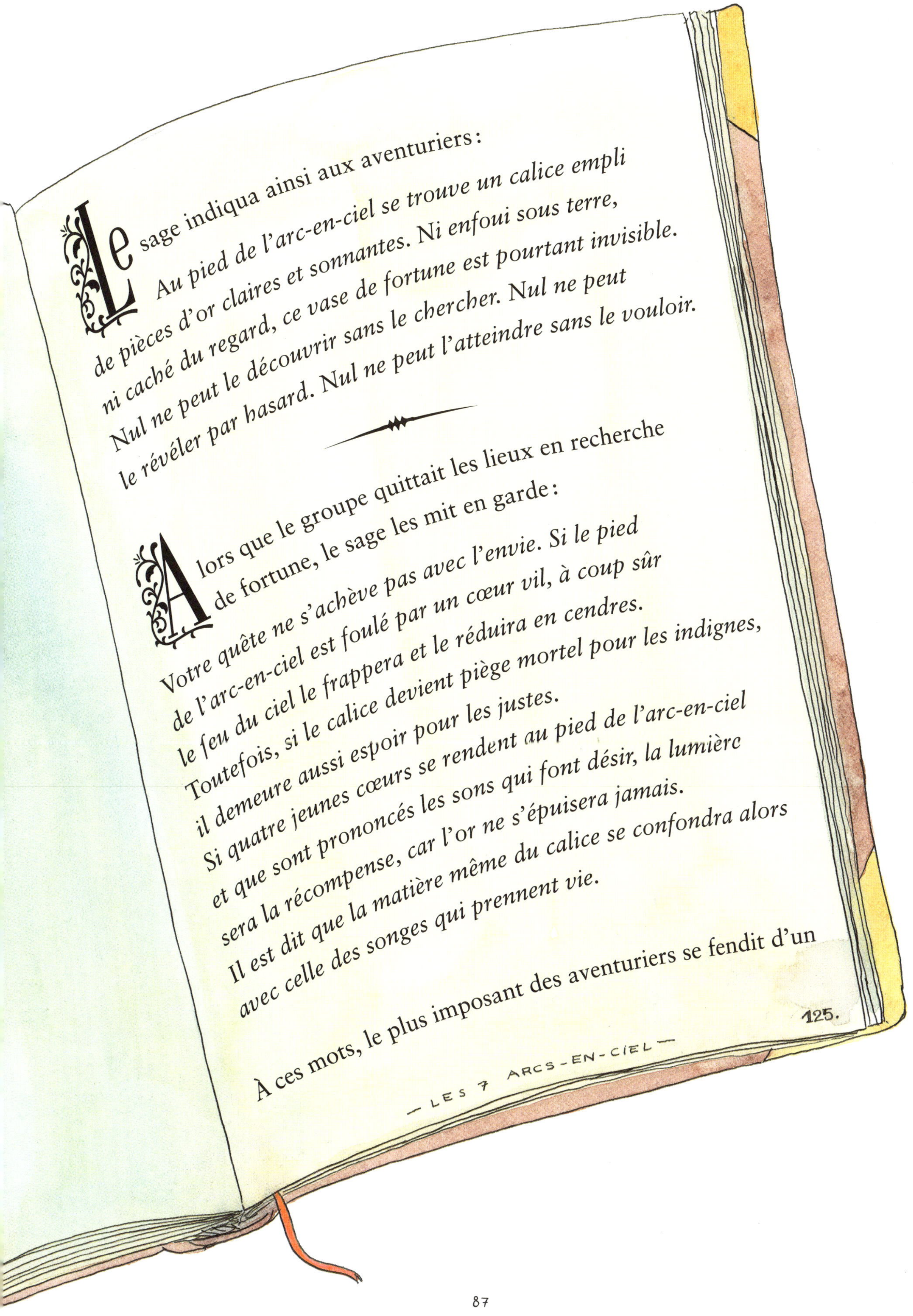

Le sage indiqua ainsi aux aventuriers :

Au pied de l'arc-en-ciel se trouve un calice empli de pièces d'or claires et sonnantes. Ni enfoui sous terre, ni caché du regard, ce vase de fortune est pourtant invisible. Nul ne peut le découvrir sans le chercher. Nul ne peut le révéler par hasard. Nul ne peut l'atteindre sans le vouloir.

Alors que le groupe quittait les lieux en recherche de fortune, le sage les mit en garde :

Votre quête ne s'achève pas avec l'envie. Si le pied de l'arc-en-ciel est foulé par un cœur vil, à coup sûr le feu du ciel le frappera et le réduira en cendres. Toutefois, si le calice devient piège mortel pour les indignes, il demeure aussi espoir pour les justes. Si quatre jeunes cœurs se rendent au pied de l'arc-en-ciel et que sont prononcés les sons qui font désir, la lumièrc sera la récompense, car l'or ne s'épuisera jamais. Il est dit que la matière même du calice se confondra alors avec celle des songes qui prennent vie.

À ces mots, le plus imposant des aventuriers se fendit d'un

125.

— LES 7 ARCS-EN-CIEL —

J'ai bien peur d'avoir de mauvaises nouvelles à vous annoncer : votre camarade Badjer n'est pas rentré chez lui hier soir, il a disparu.
La police pense à une fugue...
Ce n'est pas facile d'être nouveau, je m'en doute. Tu sais, moi-même, je ne suis là que depuis peu de temps.
Ah bon ?
Tout ce qu'on sait, c'est qu'il s'est endormi en classe et...
Étrange... Les traces se rapprochent de l'école, près des maisons des profs et de celle de Granny.
M. Robbie aurait voulu écouter aux portes qu'il ne s'y serait pas pris autrement.
...

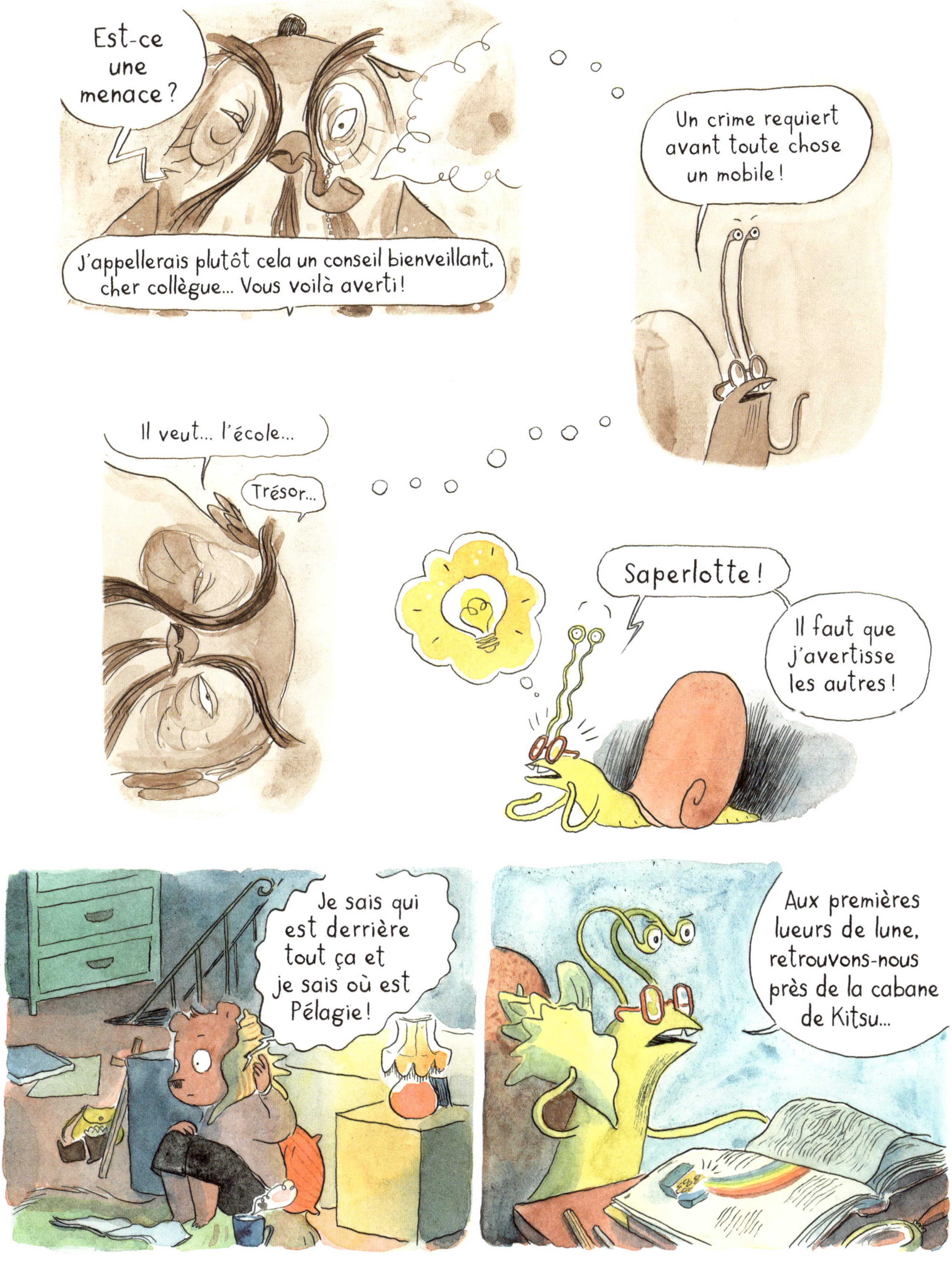

Est-ce une menace ?
J'appellerais plutôt cela un conseil bienveillant, cher collègue... Vous voilà averti !
Un crime requiert avant toute chose un mobile !
Il veut... l'école...
Trésor...
Saperlotte !
Il faut que j'avertisse les autres !
Je sais qui est derrière tout ça et je sais où est Pélagie !
Aux premières lueurs de lune, retrouvons-nous près de la cabane de Kitsu...

CRAC
HAAAAAAA!
Pfiiioooou, c'est toi...
J'ai eu une de ces frousses!

Désolé Will... Tu m'attends depuis longtemps ?
Beaucoup trop à mon goût...
Toutes mes excuses, gentlemen.
J'ai fait aussi vite que possible.
Ouf ! Te voilà !
Tu es seul ?
Moins fort mes amis, je crains que nous ne soyons en territoire hostile...
Et oui...
... je suis seul. Kitsu n'est pas avec vous ?!
Vous devriez lancer des feux d'artifice pour être encore moins discrets, les garçons...
KITSUUU !
Mais chut !
Kitsuuu !

Bon, on t'écoute Gonzague…
Will, viens donc m'éclairer que je vous dévoile la clé de l'énigme.
Aux origines de cette folie était une légende…
Quatre cœurs purs pour révéler le trésor…
Mais on nage en plein conte pour enfants là, c'est du délire !
Assurément !
Et M. Robbie, comment tu peux être sûr à 100% qu'il est derrière tout ça ?
Grâce à un fastidieux travail d'investigation et à ma logique implacable !
Bon et aussi à la preuve irréfutable que voilà…

Bin quoi ? Je vois rien !
Regardez bien !
Je ne comprends pas... Robbie s'est blessé ?
Ça n'en fait pas un coupable !
Certes, maintenant, reproduisons le bras de notre professeur.
Un triangle dépasse du bandage.
Je le complète.
Qui a pu lui faire ça ?
Pélagie ?
Maintenant, hardis compagnons, allons délivrer notre amie et nos camarades !

Hé Willo ! Tu stoppes immédiatement de briller ou je m'occupe de toi.
Désolé, je le fais pas exprès...
Arrête de le menacer Kitsu, tu vois bien que c'est pire.
Gentlemen ?
J'te signale que c'est pour nous tous que je dis ça, c'est dangereux !
Je suis désolé.
Gentlemen ?
QUOi ?
Je crois que nous ne sommes plus seuls...

C'est quoi ces horreurs ?!
À vue de canines, je pencherais pour les cerbères apprivoisés de M. Robbie...
GRRRRR...
clap
clap clap
Bravo Gonzague. Ta sagacité fait des étincelles !
J'aurais dû me méfier de votre petit groupe...
Clap clap
On fait quoi maintenant ?
Laissez-moi engager le dialogue.
J'imagine qu'il n'est plus utile que je dissimule ceci désormais...
C'est exact, euh... vil malandrin !
Voyez-vous ça : je serais un « malandrin », mon cher Gonzague ?
Tu fais quoi, là, le baveux ? Tu vas nous l'énerver avec tes insultes...
C'est comme dans les livres : lorsqu'on le titille, le vilain vend toujours la mèche en exposant son plan diabolique...
Pourtant... Je ne suis qu'un chercheur d'or, petit !
Je n'y peux rien si cette saleté d'arc-en-ciel prend sa source dans votre école !

J'avais besoin de quatre jeunes cœurs et d'un peu de tranquillité, mais les soupçons de Granny ont failli me compromettre...
Il a fallu que je sévisse et que je l'écarte !
Mais vous n'aviez pas prévu que Granny survivrait et, grâce à lui, nous sommes là !
Oui, j'avoue que j'ai sous-estimé sa résistance. Je vous promets de ne pas réitérer cette erreur avec vous...
Je vous déteste ! J'ai vraiment cru que vous étiez quelqu'un de bien...
Ha Ha Ha Ha !
GRRR
Le plus dur à vivre, ça n'a pas été d'enlever vos camarades ou de provoquer la fermeture de l'école, non !
« Monsieur, je peux aller aux toilettes ? »
« Monsieur, il copie sur moi ! »
« Monsieur, j'ai pas compris l'exercice... »
« Monsieur, il fait rien que m'embêter ! »
Crois-moi, Arthur, pour avoir enduré tout ça pendant des mois : je suis un type bien !
Je hais les mômes...
teu

J'vous préviens,
si vous avez fait du mal
à Pélagie, j'vous...
GRRR...
Tu me quoi,
petite sotte ?
Ne me provoque
pas, fillette !
Je n'ai encore tué
aucun enfant mais
ne me tente pas...
Voyez-vous, si mon pouvoir de maîtrise du sommeil m'a permis d'endormir vos amis, il a sur les esprits primitifs un tout autre effet...
Je le sens pas du tout, là...
Plongés dans un sommeil paradoxal, ces fauves sont comme hypnotisés et me sont entièrement dévoués.
GRRRRR
Faites ce que je vous dis : à mon signal, fermez tous les yeux !
?
?
?
Assez parlé... Saisissez-vous de ces fouineurs !
ROAR
Will, ils vont te bouffer tout cru, c'est la fin !
MAINTENANT !

Petits crotales, attendez que je vous attrape...
Bien joué, Kitsu !
Gonzague et Will, vous courez jusqu'au village chercher de l'aide. Arthur avec moi ! Robbie a dû séquestrer Péla chez lui !
OK, OK !
Mais Kitsu...
Écoute Gonzague, Kitsu a raison. Il nous faut de l'aide. On a besoin que tu préviennes ton père et on en a besoin maintenant !
Entendu.
Qu'est-ce que vous attendez ? Attrapez-les !

Dépêche-toi! Il y en a un à nos trousses!
Je fais ce que je peux.
Viiiiiiite!
CLAC CLAC
BAM
Te retourne pas!
ROBBIE
GRRRR
On y est!
GRRRRR
CLAC
Pfiouuuu!
ZZZZZZ ZZZZ...

C'est quoi, ça ?
ZZzzzZ
Qu'est-ce que tu veux que ce soit ? Une bête qui veut nous faire la peau !
Mais non, pas le « grrr », le « zzzz » ?
GRRRR
Va voir ce que c'est, moi je condamne les issues.
OK !
J'ai l'impression que ça vient d'en haut !
Fonce à l'étage !
Tu veux rentrer toutou ? Même pas en rêve !
Qui est-ce qui la ramène moins maintenant ?

ZZZZZZZZZZ...
Hé ho, Péla, réveille-toi!
Debout là-dedans!
Youhou, y'a quelqu'un?
PAF
C'est pour ton bien, François!
Rien à faire...
Péla! Tu m'entends?
Kitsu! C'est bon, je l'ai trouvée et elle est vivante!
C'est super mais tu vois, je suis un peu occupée là!
Hmmm... Fais-moi un bisou!
Hein ?

Mais… euh, t'es réveillée, Pélagie ?
Zzzzzz…
Bon, ça s'active là-haut ? Je ne sais pas combien de temps ça va tenir !
GRRRRRRRRR
Non mais ça va bien, les trésors, la Belle au bois dormant… On n'est pas dans un conte de fées quand même, je vais pas l'embrasser…
Chipolata… un bisou…
zZZZ…
Bon, quand faut y aller…
Hmm… Choubidou ?

Ils sont là !
VLAM
Kitsu ?
On est où ?
On est chez Robbie et si on sort pas tout de suite, son bestiau va nous manger tout crus !
BOM
BOM
BOM
OK, on va sortir par la fenêtre. Mais eux, on en fait quoi ?
Cachez-les dans l'armoire et on déguerpit fissa, j'ai plus de jus, là…
Et Gonzague et Will, ils sont où ?
Dans un endroit plus sûr, j'espère…

On approche, je crois.
Oui, je vois de la lumière au loin.
BIM
Ça va? Tu t'es fait mal?
J'ai l'impression que je me suis foulé la jambe.
Mais t'as pas de jambes!
C'est bien ce qui me rend perplexe!
Ho ho...
Will, tu dois fuir.
C'est hors de question! On n'abandonne pas ses amis!
GRRR...
?
Vite, ton pouvoir, Gonzague!
Et une tournée de colle pour le poilu, une!
Merci mon courageux ami, j'ai une dette envers toi.
Ne traînons pas! Je sais pas combien de temps ça va le retenir...

C'est jouable, il suffit de viser les arbustes pour amortir la...
Attention !
KiTSU ?
Ça va, je vais bien.
Tu m'en vois ravi...
Car il est temps que je te donne une leçon !
Fuyez les filles, je m'occupe de lui.
Mais...
Arthur a raison. Tu tiens à peine debout et moi j'ai plus de force.
Dépêchez-vous !

Tu peux marcher ?
Je peux même courir s'il le faut...
Kling !
Péla, tu m'entends ?
grrrrrrr
D'accord toutou, tu veux jouer à ça ?
Je ne vais pas pouvoir tenir longtemps à ce rythme-là...

Je dois te reconnaître un certain courage, Arthur, mais je distingue également autre chose chez toi.
Tu as l'air « différent ».
As-tu compris que c'était fini pour toi ?
Car cette fois, crois-moi pas de demi-mesure !
Tut tut tut, pas de ça avec moi, jeune homme.
Je te réserve un traitement spécial.
À faible dose, je peux endormir la personne que je touche.
Mais poussé à son paroxysme, je peux la plonger dans un profond coma.
Il fallait te mêler de tes affaires, petit !

Attendez !
Quoi, les dernières volontés du condamné ?
Non...
Vous avez raison !
Que veux-tu dire ?
Je suis différent...
Il y a un changement en moi !
Mais imbécile, que crois-tu faire ?

Ben ça alors...
Alors là, j'ai rien compris...
Après l'éclair de lumière, la bête a perdu toute agressivité !
Kitsu, Pélagie ! Vous êtes sauves !
Vite, derrière la maison !
Arthur est avec Robbie, il a besoin d'aide !

Aaaaah...
Woaw...
Dépêchez-vous les gars, le suspect s'enfuit !
?
Euh... Commissaire, si les loups se séparent, on suit quel morceau du suspect ?
?
Apportez-leur des couvertures !

Les enfants, vous avez fait preuve d'une grande inconséquence en vous lançant seuls...
Père ?
Ne m'interromps pas, Gonzague. « Seuls » disais-je, à la merci de grands dangers qui...
Euh... monsieur ?
Quoi, à la fin ?
Y'a trois autres victimes du kidnapouille à secourir dans la maison, m'sieur...
...
Les gars, je veux une équipe dans la maison, immédiatement !
Alors Arthur, raconte ! Il s'est passé quoi ?
Ben... J'aimerais te l'expliquer mais j'suis pas sûr d'avoir toutes les clés...
Robbie me menaçait de sa magie et à ce moment-là... je me suis senti capable de soulever des montagnes...
C'est un peu lourd, non ?
Je crois bien que je lui ai volé sa magie pour la retourner contre lui.
Les enfants, il y a des gens qui aimeraient vous voir !

POUF
Mon poussin !
Manman...
Barbe, ma mie, quelle est cette coiffure encore...
Hu hu hu
L'inquiétude Sigismond, l'inquiétude...
Et alors là, je lui ai mis Kikounou dans le museau !
MA PE-Ti-TE FiLLE !
Dis, tu vas être contente ! Si j'ai pas rêvé : tu vas être mamie !
Qu'est-ce que tu fais là ?
Tiens ma fille, j'ai pensé que tu devais avoir un creux...
T'as pas idée... une faim de loup !
Allez, assez d'émotion pour aujourd'hui : on rentre !
Oh oui !
Je crois que je vais dormir 5 ou 6 jours...
Arthur ?
Je reviens tout de suite, maman.
Bien, bien...

Arthur, on voulait ton sentiment sur un point.
Voilà, Robbie nous a menti...
Il nous a kidnappés !
Il a manqué de nous tuer !
Tout ceci dans le but de s'enrichir...
Est-ce que cette légende de trésor au pied de l'arc-en-ciel avait tout compte fait quelque chose de vrai selon toi ?
PIMPON
Ça, bien malin qui saurait le dire...

MITAINES MATIN
MARDI 28 NOVEMBRE
AU POUPOU DOUX
BON POUR 1 BOISSON GRATUITE SUR PRÉSENTATION DU BON
Météo
MATIN : ENSOLEILLÉ
MINIMALES : 7°C
APRÈS-MIDI : NUAGES
MAXIMALES : 12°C
10°C
lune descendante
St PIPOU
6563
0482
1276
9324
1009
EXCLUSIF
FAUX PROFESSEUR
MAIS VRAI BANDIT
IL KIDNAPPAIT LES ENFANTS
INCROYABLE SCÉNARIO À L'ÉCOLE DES MITAINES : L'ARRIVÉE DE CE NOUVEL ENSEIGNANT MARQUAIT L'ENTRÉE DU LOUP DANS LA BERGERIE. ALORS, BRILLANT ESCROC OU DANGEREUX DÉMENT ?
LES PREMIERS ÉLÉMENTS DE L'ENQUÊTE EN PAGE 4.
INTERVIEW
MONSIEUR GRANNY
LE DIRECTEUR DE L'ÉCOLE EN CONVALESCENCE À L'HÔPITAL DE LA BOUILLOIRE :
« FICHEZ-MOI LA PAIX ! TOUT CE QUE JE SOUHAITE C'EST QU'ON RETROUVE CE BANDIT »
TEMOIGNAGES
FRANÇOIS : "CE JOUR-LÀ, EN SORTANT DE CLASSE, IL M'A DIT QUE JE RENTRAIS CHEZ MOI EN CHICKEN-BUS PARCE QUE J'ÉTAIS PEUREUX !" P.7
CINQ APPRENTIS ENQUETEURS SAUVENT LEURS CAMARADES
TOUS LES DETAILS EN PAGES 5&6.
PUB
égaloché
Le shampooing ANTI-CROÛTES NOUVEAU
NE PAS JETER SUR LA VOIE PUBLIQUE

Appendice

Mousse
Badjer
Mac Beal
Line
alexis
aïolia
François
Jean-François
Noam
Sacha
Brigitte
Eva
Dali
Léonard
Emma & Énora
Sélina
Liwane
Loreena
Ana
Clémentine
Shä
Tim
Bruce
Vladimir
Anakin

Evan & Albane
gencive
Bertrand
-Louka-
Barbara
Barthélémy
-Jacques-
..Hugh..
Brad
Aymerick
~Sophian~
Commissaire Magret
Inspecteur Basile
M. Cadi
M. Granny
M. Robbie
Céleste Anternoz
Tour
M. Cyril
Rupert
Barbe & Sigismond Péridou
Tony

La maison
pot de miel d'Arthur

école

LAIT
nutella
HEINZ

Arthur*
Grand cœur valeureux mais très naïf.
Le coq Allan
tête moins grosse
Kitsu*
hiver

boucles x 2 ?
cape courte
Pélagie*
Gonzague*
Willo*

Retrouvez Arthur, Kitsu, Pélagie,
Willo et Gonzague dans Le Temps des Mitaines...

En bande dessinée chez Dargaud :
La Peau de l'ours
Cœur de renard
La Nuit des croque-souris

Découvrez la Vallée des Mitaines 30 ans plus tôt,
en roman chez Little Urban :
Le Mystère de la chambre morne
Sa Majesté des Escarmouches

Et toujours chez Little Urban :
Professeur Goupil
Professeur Goupil est amoureux
Professeur Goupil autour du monde
Professeur Goupil et les rires qui s'envolent
À la recherche du Père Noël

Loïc Clément

est scénariste de bandes dessinées pour les adultes et la jeunesse, et auteur d'albums et de romans illustrés. Il aimerait vivre sur une île perdue loin de tout mais comme c'est impossible, il invente des mondes qui n'existent pas pour pouvoir les arpenter à sa guise. Depuis dix ans qu'il exerce ce métier, sa vie a fondamentalement changé : avant il était féru de chocolat blanc mais aujourd'hui il ne jure plus que par le chocolat noir. Grand passionné de bande dessinée, il espère pouvoir continuer à en écrire pendant toute sa vie et demie.

Anne Montel

est née au siècle dernier à Nantes. Elle vit en Bretagne au milieu de galettes-saucisses et de fantômes de Bigoudènes. Ses cheveux sont roux comme le renard, mais elle est un peu moins embêtée que lui par les chasseurs. Souvent, elle dessine dans des livres pour petits ou grands en utilisant de l'encre de Chine, de l'aquarelle et un peu de magie. Quand il lui reste du temps, elle fabrique des créatures en laine cardée ou des masque d'animaux en papier mâché. Un jour, elle trouvera un créneau pour dormir mais d'ici là, elle travaille beaucoup.

DES MÊMES AUTEURS

Miss Charity (tome 1 paru) - l'Enfance de l'art,
adapté du roman de Marie-Aude Murail, Rue de Sèvres
Chroniques de l'Île Perdue, Soleil, Coll. Métamorphose
Les Contes des Cœurs perdus - **Chaussette**, Delcourt
Les Jours Sucrés, Dargaud
Professeur Goupil (4 tomes parus), Little Urban
Mille Milliards de trucs (et de moutons), Belin
Shä et Salomé - Jours de pluie, J.-C. Gawsewitch Éditeur

Loïc Clément

Les Contes des Cœurs perdus - **Jeannot**, dessin de Carole Maurel, Delcourt
Les Contes des Cœurs perdus - **Chaque jour Dracula**, dessin de Clément Lefèvre, Delcourt
Les Contes des Cœurs perdus - **Le Voleur de souhaits**, dessin de Bertrand Gatignol, Delcourt
Les Contes des Cœurs perdus - **Le Silence est d'ombre**, dessin de Sanoe, Delcourt
Les Contes des Cœurs perdus - **Mauvais sang**, dessin de Lionel Richerand, Delcourt

Anne Montel

L'Abécédaire des Métiers imaginaires, Little Urban
Le Crafougna, texte de Stéphane Servant, Didier Jeunesse
Huit saisons et des poussières, texte de Séverine Vidal, Les p'tits bérets

Lettrages et calligraphies : Anne Montel

Cette bande dessinée a été initialement publiée chez Didier Jeunesse en 2014.

"Loi n° 49-956 du 16 juillet 1949 sur les publications destinées à la jeunesse."
Imprimé sur un papier issu de forêts gérées durablement.
Dépôt légal : janvier 2020 - ISBN : 978-2205-08304-0
Imprimé et relié en mars 2022 par PPO Graphic
10, rue de la Croix-Martre 91120 Palaiseau - France
www.dargaud.com